BEI GRIN MACHT SICH IHR WISSEN BEZAHLT

Bibliografische Information der Deutschen Nationalbibliothek:

Die Deutsche Bibliothek verzeichnet diese Publikation in der Deutschen National-bibliografie; detaillierte bibliografische Daten sind im Internet über http://dnb.d-nb.de/ abrufbar.

Impressum:

Copyright © 2008 GRIN Verlag, Open Publishing GmbH
Druck und Bindung: Books on Demand GmbH, Norderstedt Germany
ISBN: 9783640629367

Dieses Buch bei GRIN:

http://www.grin.com/de/e-book/151470/fuehrungsmethoden-und-fuehrungsstile

Julian Kranich

Führungsmethoden und Führungsstile

GRIN Verlag

GRIN - Your knowledge has value

Der GRIN Verlag publiziert seit 1998 wissenschaftliche Arbeiten von Studenten, Hochschullehrern und anderen Akademikern als eBook und gedrucktes Buch. Die Verlagswebsite www.grin.com ist die ideale Plattform zur Veröffentlichung von Hausarbeiten, Abschlussarbeiten, wissenschaftlichen Aufsätzen, Dissertationen und Fachbüchern.

Besuchen Sie uns im Internet:

http://www.grin.com/

http://www.facebook.com/grincom

http://www.twitter.com/grin_com

Hochschule Harz
Fachbereich Verwaltungswissenschaften
Fach: Organisation und Führung

Führungsmethoden und Führungsstile

Inhaltsverzeichnis

1. Einleitung

„Führen ist eine Kunst"[1]
Überall dort wo Menschen etwas erreichen wollen ist Führung erforderlich. In Gemeinschaften ist dies unerlässlich da Aufgaben auf Grund ihres Umfangs und Komplexität arbeitsteilig erfüllt werden müssen- dies war schon zu allen Zeiten so. In jeder menschlichen Gemeinschaft lässt sich Führung finden, vom Staat bis hin zu privaten Unternehmen, in öffentlichen Verwaltungen, Vereinigungen- der Bäcker an der Ecke, bis hin zur kleinsten gesellschaftlichen Zelle-der Familie.
Nun haben sich im Laufe der Zeit viele Möglichkeiten der Führung entwickelt, welche man in Organisationen und Unternehmen umsetzen kann. Aufgrund der verschiedenen Anforderungen an die Führungsperson unter Berücksichtigung dessen Persönlichkeit, gibt es aber nach heutigen Erkenntnisstand kein einheitliches Führungskonzept, welches auf jeden Führenden anwendbar ist. Außer Frage steht allerdings das Führung zwingend erforderlich ist, denn „Menschen sind eckig und kantig, und keine Organisation kann so gut sein, dass nicht Konflikte entstünden, genau so wenig, wie man einen Motor so konstruieren kann, dass es keine Reibung gibt. Elementare Manieren sind die Voraussetzung dafür, dass Menschen einigermaßen vernünftig zusammen arbeiten können."[2]
Dies zu bewerkstelligen ist die Kunst dabei.
Ich möchte deshalb in meiner Arbeit auf die wichtigsten Führungsstile eingehen, wobei ganz klar gesagt werden muss, dass es noch viele weitere Abwandlungen von Führungsstilen je nach unterschiedlicher Branche gibt (Personalführung - Unternehmensführung):

- klassische Führungsstile,
- tradierende Führungsstile und
- dimensionale Führungsstile.

Des Weiteren werde ich die Führungsmethoden/-techniken genauer erläutern einschließlich der Management-by-Techniken:

- Management by Objectives,
- Management by Delegation,
- Management by Exception und
- Management by Systems

2. Zum Begriff der Führung

2.1 Definitionsansätze des Führungsbegriffes

Der Begriff der Führung wird mit unterschiedlichen Bedeutungsinhalten belegt. Führung ist kein wertneutraler Begriff und wird je nach Perspektive der jeweiligen Organisation unterschiedlich aufgefasst: z.B.:

- „Führen in Unternehmen heißt, dass das Verhalten einzelner Mitarbeiter durch

---

1 Manager-Magazin 2002
2 Manager Magazin ebd.

Vorgesetzte zielgerichtet beeinflusst wird."[3]
-Führung heißt Menschen zu koordinieren damit sie produktiv arbeiten und ein gemeinsames Ziel erreichen[4]

- Führung beinhaltet die zielgerichtete Verhaltensbeeinflussung von Menschen durch Menschen innerhalb einer Gruppe[5]

- Unter Führung versteht man allgemein ein kommunikativen Prozess der Einflussnahme auf die Mitarbeiter zum Zweck zielgerichteter Leistungserstellung[6],

dies könnte man noch beliebig fortsetzen aber obwohl sich die Definitionen untereinander leicht unterscheiden, handeln sie doch alle von einen Über-bzw. Unterordnungsverhältniss der Mitarbeiter gegenüber den Führenden.

2.2. Abgrenzung

Führung, Leitung und Management werden in der betriebswirtschaftlichen Literatur oft als gleichbedeutend angesehen. Vor allem Führung und Leitung wird als synonym verwendet, wobei in der angloamerikanischen Literatur „Leadership" (Personalführung), „Management"(Unternehmensführung) und „Headship" (Leitung) voneinander abgegrenzt werden. Unter der Personalführung ist die Beeinflussung von Personen, insbesondere deren Verhaltensweisen und Einstellungen zu verstehen. In Abgrenzung dazu versteht sich Leitung primär auf organisatorische Sachprobleme übergeordneter Instanzen.
Das Management (Unternehmensführung) hingegen behandelt die Führung des Unternehmens an sich, in seinem Umfeld und die Entscheidungen, die das Unternehmen zum Erfolg führen sollen. Das Management wird auch unterteilt in:
- Top Management (Geschäftsleitung)
- Middle Management (Leitungsebene z.B. Chef der Buchhaltung)
- Lower Management (Ausführungsebene).[7]
Abschließend kann man sagen das die Abgrenzung der Begriffe Führung, Leitung und Management fließend ist und daher in der Praxis schwer aufrecht zu erhalten.

2.3. Eigenschaftstheorien der Führung

Eigenschaftstheorien der Führung wurden vor allem in den ersten Jahrzehnten des 20. Jahrhunderts entwickelt. Sie zählen damit zu den ältesten Erklärungsansätzen der Führung [8]. Im Mittelpunkt hierbei steht die Frage welche Persönlichkeitsmerkmale eine erfolgreiche von einer erfolglosen Führungskraft unterscheiden bzw. was eine Führungskraft von den von ihr geführten Personen abhebt.[9]
Grundlegend für die Eigenschaftstheorien ist die Idee, dass bestimmte, in der Regel angeborene Eigenschaften von Personen, wie zum Beispiel Intelligenz oder

---

3 Kühn, 2003, S. 30
4 Vgl. Hungenberg, 2005, S. 328
5 Schulte-Zurhausen, 2002, S 195
6 Vgl. Jung, 2002, S. 197
7 Vgl. Mühlbradt, 2001, S.131
8 Vgl. Hungenberg, 2005, S. 331f
9 Vgl. Hungenberg, ebd.

Entschlußkraft, zur Führung prädestiniert und dass nur verhältnismäßig wenige Menschen über diese Eigenschaften verfügen. In diesem Zusammenhang wurde auch häufig unterstellt, dass nur Menschen aus bestimmten sozialen Schichten diese Eigenschaften hätten.[10]Solche (scheinbar) wissenschaftlichen untermauerten Elitevorstellungen, dienten oft dazu, vorhandene Machtpositionen zu sichern.

Vor allem zwischen 1900 und 1950 wurden zahlreiche empirische Untersuchungen durchgeführt, um Eigenschaften zu entdecken, durch die sich Führungskräfte von Geführten abheben und erfolgreiche von weniger erfolgreichen Führungskräfte. Stogdill hat in einer Meta-Analyse 124 Studien ausgewertet, die sich empirisch mit der Identifikation von Führungseigenschaften beschäftigt haben. Stogdill ordnet demnach in fünf verschiedene Eigenschaftskategorien zu:[11]

- **Leistung:** Leistungen von denen sich Führungskräfte von Anderen abheben, z.b. Schulerfolge, eine umfangreiche Wissenssammlung oder auch sportliche Erfolge.

- **Verantwortung:** Führungskräfte zeichnen sich nach Stogdill durch besondere Eigenschaften bei der Übernahme von Verantwortung aus- unter anderem durch Zuverlässigkeit, Initiative, Selbstsicherheit und Ausdauer.

- **Partizipation:** In der vierten Kategorie fasst Stogdill die Eigenschaften zusammen, die sich darauf beziehen, wie Führungskräfte mit anderen Menschen zusammenwirken. Dazu zählen Aktivität, soziale Integration, Anpassungsfähigkeit, kooperatives Verhalten und Humor als wichtigste Eigenschaften erfolgreicher Führungskräfte.

- **Status:** Hiermit sind alle Merkmale gemeint die im Zusammenhang mit dem Status einer Person stehen, d.h. insbesondere die Abstammung aus „guten Verhältnissen", aber auch die Popularität einer Führungskraft.[12]

Im Laufe der wissenschaftlichen Auseinandersetzung mit den Themen Führung und Führungserfolg ist es immer deutlicher geworden, dass es nicht *die* Führungseigenschaften oder *den* Führungsstil gibt, die generell zu erfolgreicher Führung beitragen. Vielmehr hat sich allmählich die Erkenntnis durchgesetzt, dass Führungserfolg von den situativen Rahmenbedingungen abhängt, unter denen Führungskraft und Geführte miteinander interagieren. Diese Erkenntnis führte etwa seit den 60er Jahren zur Entwicklung situativer Führungstheorien[13] auf die ich später noch eingehen werde.

3. Führungsstile

3.1. Begriff

Ähnlich den Begriff der „Führung", bezieht sich „Führungsstil" auf die Art und Weise wie ein Vorgesetzter seine Mitarbeiter führt, um bei diesen ein zielorientiertes Arbeitsverhalten zu erreichen.[14] Im Laufe der Zeit wurden eine Große Anzahl von Führungsstiltheorien entwickelt.
In der nun vorliegenden Arbeit gehe ich dabei auf die wichtigsten und einflussreichsten

---

10 ebd.
11 Stogdill, 1974, Stähle, 1991, S. 307 von Hungenberg, 2005, S 331f
12 Vgl. Stogdill, 1974 von Hungenberg, 2005 ebd.
13 Vgl. Hungenberg, 2005, S. 332f
14 Vgl. Jung, 2000, S. 200ff

Führungsstile ein.

3.2. Klassische Führungsstile (nach Kurt Lewin)

3.2.1. Autoritärer Führungsstil

Autoritäre Führung ist dadurch gekennzeichnet, dass die Führungskraft allein Entscheidungen trifft, ihren Mitarbeitern Aufgaben zuweist, gleichzeitig auch die Art der Aufgabenerfüllung vorschreibt und den Arbeitsfortschritt so oft wie möglich kontrolliert. Die Mitarbeiter besitzen keinen eigenen Gestaltungsspielraum. Darüber hinaus ist die Führungskraft auf soziale Distanz bedacht und bringt den Untergebenen (Mitarbeiter) keine Wertschätzung bei. Der Führende duldet keinen Widerspruch oder Kritik.[15] Dieser hierachischer bzw. autoritärer Führungsstil ist beispielsweise im militärischen Bereich vorherrschend.

Vorteile:
- eine relativ hohe Entscheidungsgeschwindigkeit, volle Kontrolle des Führenden
- Übersichtlichkeit der Kompetenzen
- hat zumindest kurzfristig einen verbesserten Einfluss auf die Arbeitsleistung innerhalb einer Organisationseinheit

Nachteile:
- mangelnde Motivation der Mitarbeiter
- Einschränkung der persönlichen Freiheit
- Der Vorgesetzte läuft Gefahr durch Überforderung, Fehlentscheidungen zu treffen
- erhöhte Rivalität zwischen einzelnen Mitarbeitern und neue Talente werden möglicherweise nicht entdeckt
- Risiko einer Kopflosigkeit innerhalb der Organisation wenn wichtige Entscheidungsträger ausfallen

3.2.2 Kooperativer Führungsstil

Hierbei bezieht der Vorgesetzte seine Mitarbeiter ins Betriebsgeschehen. Er erlaubt Diskussionen und erwartet sachliche Unterstützung. Bei Fehlern wird in der Regel nicht bestraft, sondern geholfen. Entscheidungen werden auf diejenige Ebene verlagert, welche die größte fachliche Kompetenz besitzt. Dadurch löst die Selbstkontrolle die Fremdkontrolle ab.[16]Dieser Führungsstil kann soweit gehen das die Führungskraft ihre Führungsposition fast vollständig auf gibt und den Mitarbeitern ein großen Entscheidungsspielraum lässt.[17]

Vorteile:

---

15 Vgl. Hungenberg, 2005, S.333ff
16 Vgl. Jung, 2000, S. 201
17 Vgl. Hungenberg, 2005, S 334ff

- eine hohe Motivation der Mitarbeiter
- Mitarbeiter können ihre Kreativität entfalten
- der Vorgesetzte wird entlastet
- meist sehr angenehmes Arbeitsklima

Nachteile:
- die Entscheidungsgeschwindigkeit kann sinken
- es kann zu längeren Debatten und Disziplinsschwierigkeiten unter den Mitarbeitern kommen

3.2.3 Laissez-faire-Führungsstil

Beim laissez-faire Führungsstil werden Mitarbeiter als isolierte Individuen betrachtet, deren Motivation durch Freiheit bewirkt wird.[18]
Die Mitarbeiter bestimmen ihre Arbeit, die Aufgaben und die Organisation selbst. Die Informationen fließen mehr oder weniger zufällig. Der Vorgesetzte greift nicht in das Geschehen ein, er hilft oder bestraft auch nicht. Anweisungen werden vom Vorgesetzten auch nicht gegeben, er vermittelt auf Anfrage höchstens Informationen.[19]
Der laissez-faire-Führungsstil ist ein Widerspruch in sich selbst, da man unter diesen Umständen nicht von Führen sprechen kann.

Vorteile:
- Gewährung von allen Freiheiten und die dadurch eigenständige Arbeitsweise der Mitarbeiter
- hohe Motivation und Individualität der Mitarbeiter

Nachteile:
- erhöhte Gefahr an mangelnder Disziplin der Mitarbeiter
- Gefahr von Kompetenzstreitigkeiten, Rivalitäten sowie von Unordnung und Durcheinander
- des Weitern kann es zu Gruppenbildung kommen so dass Außenseiter benachteiligt werden.

3.3. Tradierende Führungsstile (Max Weber)

Im Gegensatz zu den auf empirischen Tests beruhenden klassischen Führungsstilen sind Max Webers Führungsstile eher als Herrschaftsformen zu bezeichnen, welche ursprünglich ausserhalb von Unternehmen entstanden sind und heute nur noch geringe Bedeutung haben.[20]

3.3.1 Patriarchalischer Führungsstil

Die Autorität des Familienvaters (Patriarch) und dessen absoluter Herrschaftsanspruch ist das Leitbild für diesen heute noch in kleinen Familienbetrieben anzutreffenden Führungsstil.[21]
Begründet wird dieser Alleinherrschaftsanspruch des Patriarchen mit seinem Alters-,

---

18 Vgl. Jung, 2000, S. 201
19 Vgl. Hungenberg, 2005, S. 334ff
20 Vgl. Rahn, 1992, S.81
21 Vgl. Jung 2000, S. 202

Reife-, Wissens- und Erfahrungsvorsprung gegenüber den Geführten.[22]
Diesen ist er zu Treue und Fürsorge verpflichtet und gewährt ihnen jederzeit direkten Zugang, erwartet jedoch dafür Gehorsam, Loyalität, Treue und Dankbarkeit. Heutzutage ist dieser „Herr im Hause"- Standpunkt aber nicht mehr zeitgemäß.

3.3.2 Charismatischer Führungsstil

Der charismatische Führungsstil ist wie der patriarchalische Führungsstil durch eine singuläre Herrschaftsposition mit uneingeschränktem Herrschaftsanspruch gekennzeichnet.[23]

Der Führungsanspruch beruht hierbei jedoch auf der Einmaligkeit und der Austrahlungskraft des Führers. Er kann von den Geführten jedes Opfer verlangen, ohne das er ihnen gegenüber in irgendeiner Weise verpflichtet wäre. Charismatische Führer sind besonders in Krisen- und Notsituationen gefragt, in denen rationale Problemlösungsstrategien durch den Glaube an eine Rettung durch den Führer abgelöst werden.[24]

3.3.3 Autokratischer Führungsstil

Dieser Führungsstil ist wird teilweise auch als autoritärer Führungsstil bezeichnet, da sie fast gleich sind. Der Autokrat besitzt eine nahezu unbegrenzte Machtfülle und bedient sich eines streng gegliederten Führungsapparates. Der Untergebene ist zu unbedingtem Gehorsam verpflichtet. Der Autokratie fehlen die Wärme des Patriarchs und die Begeisterung des Charismas. Es herrscht hierbei eine klare Trennung von Entscheidung und Durchsetzung weshalb der autokratische Führungsstil am ehesten in großen Unternehmen anzutreffen ist. Insgesamt hat sich dieser Führungsstil jedoch aufgrund zunehmender Differenzierung und Spezialisierung nicht sehr stark durchsetzen können.[25]

3.3.4 Bürokratischer Führungsstil

Der bürokratische Führungsstil entwickelte sich aus dem autokratischen Führungsstil. An Stelle der unkontrollierten Willkür der Führung beim autokratischen Führungsstil traten nun die fachliche Kompetenz der Instanzen sowie die Gewaltenteilung mit präzisen Beschreibungen der Stellenbefugnisse und Verwaltungsabläufe. Die oberste Führungspersönlichkeit wurde abgeschafft und durch ein hierarchischen Apparat abgelöst. Alles gehorcht einer gesetzten Ordnung, an die sowohl Untergebene als auch Vorgesetzte gebunden sind.[26] Allerdings ist dieser Führungsstil recht stark kritisiert da er teilweise übergeregelt ist und ihm es dadurch an Flexibilität und Effizienz mangelt.

3.4. Dimensionale Führungsstile

Je nachdem, wie viel Beurteilungskriterien bei der Systematisierung von Führungsstilen verwendet werden, unterscheidet man:

3.4.1 Eindimensionale Ansätze

---

22 Vgl. Bisani, 1985, S. 112
23 Jung, 2000, S. 202
24 Vgl. Jung, 2000, S. 202
25 Vgl. Jung, ebd.
26 ebd.

Eindimensionale Ansätze sind dadurch gekennzeichnet, dass die Systematisierung der Führungsstile anhand eines einzigen Beurteilungskriterium erfolgt, wobei die beiden extreme der Beurteilung die Endpunkte eines eindimensionalen Kontinuums darstellen. Eine stärkere Ausrichtung in eine Richtung bedeutet somit zwangsläufig eine entsprechende schwächere Ausrichtung des anderen Führungsstils.[27] Große Verbreitung hat in diesem Zusammenhang die Kontinuumtheorie von Tannenbaum und Schmidt (1958) gefunden. Die beiden Autoren unterscheiden im Gegensatz zu Lewin noch fünf Zwischenformen zwischen den autoritären und kooperativen Führungsstil, welche jeweils als Extrempunkte angesehen werden.[28] (Siehe Grafik nächste Seite)

Autoritärer Führungsstil   Kooperativer Führungsstil

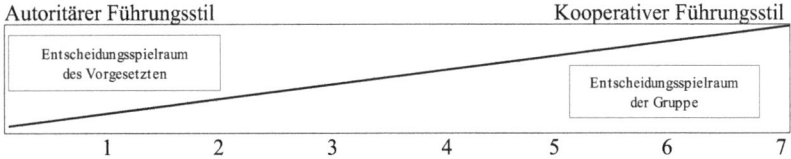

1. Vorgesetzter entscheidet und ordnet an.

2. Vorgesetzter entscheidet, ist aber bestrebt, die Mitarbeiter von seinen Entscheidungen zu überzeugen, bevor er sie anordnet.

3. Vorgesetzter entscheidet, er gestattet jedoch Fragen zu seinen Entscheidungen, um durch deren Beantwortung deren Akzeptanz zu erreichen.

4. Vorgesetzter informiert seine Mitarbeiter über seine beabsichtigten Entscheidungen, die Mitarbeiter haben die Möglichkeit, ihre Meinung zu äußern, bevor der Vorgesetzte eine entgültige Entscheidung trifft.

5. Die Gruppe entwickelt Vorschläge, und der Vorgesetzte entscheidet sich für eine von ihm favorisierte Variante.

6. Die Gruppe entscheidet, nachdem der Vorgesetzte zuvor das Problem aufgezeigt und den Entscheidungsspielraum festgelegt hat.

7. Die Gruppe entscheidet, der Vorgesetzte fungiert als Koordinator.

Tannenbaum und Schmidt sind der Auffassung, dass keiner der sieben Führungsstile grundsätzlich zu bevorzugen ist. Der Führungsstil ist individuell anhand des Vorgesetzten, den Mitarbeitern und der Situation zu wählen.[29] Diese Kontinuumtheorie von Tannenbaum und Schmidt ist insofern zu kritisieren als dass sie nur ein Verhaltensmerkmal der Führung, nämlich die Entscheidungspartizipation

---

27 ebd.
28 ebd.
29 Vgl. Rahn, 1992, S. 92f

berücksichtigt, was in der Realität nicht zu halten ist.

3.4.2 Zweidimensionale Ansätze

„Führungsstile sind zweidimensional, wenn zwei Verhaltensdimensionen zu ihrer Systematisierung herangezogen werden, die voneinander unabhängig jeweils auf einem eigenen Kontinuum variieren".[30]Der Führungsstil ergibt sich aus der Kombination der beiden.

In den Nachkriegsjahren befassten sich zwei untereinander unabhängige Forschergruppen mit der Erforschung relevanter Ausprägungen des Führungsverhaltens (sog. Ohio-Gruppe, Michigan-Gruppe).[31]

Sie identifizierten zwei Hauptdimensionen des Führungsverhaltens:

Die Mitarbeiterorientierung:

- kennzeichnet ein Führungsverhalten, das den Schwerpunkt auf die zwischenmenschliche Komponente legt
- gegenseitiges Vertrauen, Achtung und Wärme der persönlichen Beziehung stehen im Vordergrund[32]

Die Aufgabenorientierung:

- impliziert ein Führungsverhalten, bei dem die optimale Erfüllung der Leistungsziele im Arbeitsprozess im Mittelpunkt steht
- Arbeitsorganisation und gezielte Leistungsmotivation der Geführten sind von besonderen Interesse[33]

Im Gegensatz zu dem eindimensionalen Kontinuum, in dem sich beide Dimensionen ausschließen, existieren im zweidimensionalen Führungsstil beide Dimensionen voneinander unabhängig. Sie können bei dem Führenden nebeneinander und gleichzeitig auftreten[34]

Aufbauend auf den Kenntnissen der beiden Gruppen entwickelten Blake und Mouton ein allgemeines Ordnungsschema für Führungsverhalten, das unter den Namen „Managerial Grid" oder zu deutsch „Verhaltensgitter" bekannt wurde.
Das zweidimensionale Verhaltensgitter wird durch die beiden Dimensionen des Führungsverhaltens Mitarbeiterorientierung und Aufgabenorientierung aufgespannt, wobei jede Dimension durch neun Ausprägungsgrade gekennzeichnet ist. Dadurch ergeben sich möglich Kombinationen von Führungsstilen von denen Blake und Mouton jedoch nur fünf sog. „Schlüssel-Führungsverhalten" beschreiben.[35]

---

30 Jung, 2000, S. 205
31 Vgl. Jung, 2000, S. 205ff
32 Vgl. Jung, 2000, S. 205
33 Vgl. Jung, ebd.
34 ebd.
35 ebd.

Verhaltensgitter nach Blake/Mouton

Hoch 9	**1,9 Führungsverhalten (Samthandschuh Management):** Rücksichtnahme auf die Bedürfnisse der Mitarbeiter.		**9,9 Führungsverhalten (Team Management):** Hohe Arbeitsleistungen von engagierten
8			Mitarbeitern. Gemeinschaftlicher Einsatz für das Unternehmensziel
7	Freundliches Betriebsklima und gemächliches Arbeitstempo.		verbindet die Mitarbeiter.
6		**5,5 Führungsverhalten (Organisations-Management):** Zwischen den persönlichen	
5		Belangen der Mitarbeiter und den Erfordernissen des Leistungsprozesses wird ein	
4		befriedigender Kompromiss gesucht.	
3	**1,1 Führungsverhalten (Überlebens-Management):** Minimale Anstrengungen zur		**9,1 Führungsverhalten (Befehl-Gehorsam-Management)** Der Betriebserfolg beruht darauf, die
2	Erledigung der geforderten Arbeit genügen gerade noch,		Arbeitsbedingungen so einzurichten, dass der Einfluss persönlicher Faktoren auf ein Minimum beschränkt wird.
1	sich im Unternehmen zu halten.		Streben nach Höchstleistungen ohne Rücksichtnahme auf die Mitarbeiter.

Menschenorientierung

Niedrig 1   2   3   4   5   6   7   8   9

Sachorientierung   Hoch

Blake und Mouton präferieren und propagieren den 9.9-Führungsstil, indem sie die anderen Führungsalternativen
- 1.1 als „rein theoretisch",
- 9.1 als „zu pessimistisch",
- 1.9 als „zu idealistisch",
- 5.5 als „zu kompromissartig" abqualifizieren.[36]

Laut Blake und Mouton ist erfolgreiche Personalführung durch einen Führungsstil gekennzeichnet, der im Verhaltensgitter zwischen den Führungsstilen 1.9 und 9.1 liegt.
Obwohl Blake und Mouton durch verschiedene Experimente bei einem Industrieunternehmen die Bevorzugung des 9.9-Führungsstils untermauerten, ist ihre Theorie nicht ohne Kritik geblieben.
Unverständlich ist es das sie den 9.9-Führungsstil als einzig richtigen empfehlen und als universell anwendbar erklären, obwohl sie zu Beginn ihrer Untersuchungen darauf hinweisen, dass es mehrere das Führungsverhalten beeinflussende Faktoren gibt und bei dessen Auswahl auch die jeweiligen Umstände zu berücksichtigen sind.
Dennoch ist das Blake/Mouton Verhaltensgitter in der Praxis weit verbreitet und bildet Grundlage für zahlreiche Management- Seminare, in dem denen der 9.9- Führungsstil trainiert wird.[37]

3.4.3 Dreidimensionale Ansätze (situativer Führungsstil)

Aufbauend auf den Ohio-State-Studien und den daraus abgeleiteten Verhaltensgitter von Blake und Mouton entwickelten sich die dreidimensionale Führungsstiltheorien.
Die beiden Führungsverhaltensdimensionen der Mitarbeiterorientierung und Aufgabenorientierung werden hierbei um eine dritte situative Dimension ergänzt, die Führungseffektivität. In der Literatur spricht man deshalb auch von situativen

---

36 Vgl. Hentze, 1991, S. 188
37 Vgl. Jung, 2000, S. 208

Führungsstil. Nachfolgend möchte ich die meines Erachtens wichtigste dreidimensionale Führungsstiltheorie vorstellen.

3-D-Theorie der Führung von Reddin (1967, 1970)

Die 3-D-Theorie von Reddin unterscheidet je nach Ausprägung der Aufgabenorientierung und Beziehungsorientierung vier Grundstilarten, die in Abhängigkeit der jeweiligen Situation effektiv oder ineffektiv sein können. Hierbei wird die Situation beeinflusst von:

- Organisationsstruktur und -klima

- Arbeitsweise, Aufgabenanforderungen

- Vorgesetzte, Kollegen, Untergebene.[38]

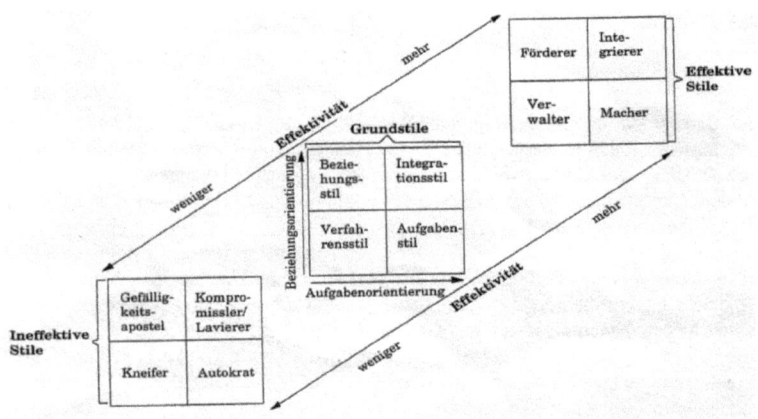

Ausgehend von den Grundstilen entwickeln sich je nach Effektivität verschiedene Persönlichkeiten:

Beziehungsstil
- der Vorgesetzte betont gute zwischenmenschliche Beziehungen und berücksichtigt Mitarbeiterbedürfnisse

Als Förderer delegiert er soviel und soweit wie möglich, da er von der

---

38 Vgl. Jung ebd.

Mitarbeiterentwicklung eine langfristig bessere Aufgabenerfüllung erwartet.

Als Gefälligkeitsapostel vernachlässigt er die Aufgabenerreichung, da er glaubt, dass zufriedene Mitarbeiter mehr leisten.

Verfahrensstil
- der Vorgesetzte verlässt sich primär auf Verfahren, Methoden, Systeme und bevorzugt stabile Umweltsituationen

Als Bürokrat beherrscht er in statischen Umweltsituationen Routineprozesse durch die absolute Einhaltung genereller Regeln und Verfahrensrichtlinien.

Als Kneifer beharrt er selbst in dynamischen Umweltsituationen auf der Einhaltung überkommener, veralteter Regeln und Vorschriften.

Integrationsstil
- der Vorgesetzte strebt nach gleichgewichtiger Beachtung von Mensch und Aufgabe

Als Integrierer entscheidet und führt er kooperativ, motiviert und fördert seine Mitarbeiter zielorientiert.

Als Kompromissler versucht er Konfrontationen um jeden Preis zu vermeiden und es allen recht machen zu wollen, auch wenn er dabei Kompromisse eingeht die nicht unbedingt optimal im Sinne der Aufgabenstellung sind.[39]

Aufgabenstil
- der Vorgesetzte betont Leistungsergebnisse und denkt produktivitätsorientiert

Als Macher überzeugt er durch sein überlegtes Expertenwissen und setzt anspruchsvolle aber realistische Ziele, die keinen Widerstand herausfordern

Als Autokrat beharrt er auf seine Amtsautorität und überfordert seine Mitarbeiter, was zu erheblichen Widerständen mit allen negativen Begleiterscheinungen wie Fluktuation, Absentismus etc. führen kann[40]

Die Beschreibungen verdeutlichen damit, dass Reddin keinen Führungsstil als generell gültig und optimal favorisiert. Da die Fähigkeiten zur Situationsanalyse, die Flexibilität des Vorgesetzten, sowie die Fähigkeit zur Situationsveränderung welche die drei zentralen Führungseigenschaften darstellen, je nach Situation im Unternehmen angepasst werden müssen d.h. dass in verschiedenen Situationen auch unterschiedliche Führungsverhalten erforderlich werden.[41]Der Vorteil der 3-D-Theorie gegenüber dem Verhaltensmuster von Blake/Mouton ist, dass sie die Effektivität des Führungsverhaltens als situationsabhängig erkennt. Der Nachteil ist das diese Theorie nicht ausreichend empirisch gesichert ist.

4. Führungsmethoden/-techniken

4.1 Überblick

39 Vgl. Jung, 2000, S. 209f
40 Vgl. Jung, 2000, S. 209
41 Vgl. Hungenberg, 2005 S. 335

Führungsmethoden stammen größtenteils aus der praxisorientierten amerikanischen Managementlehre und sind unter der Bezeichnung Management by-Techniken bekannt geworden, sie existieren im deutschen Sprachraum seit den 60er Jahren.[42] Die Führungstechniken sind bei Managern sehr beliebt, da sie klare Orientierungshilfen und Verhaltensleitlinien bieten.
In der Vergangenheit sind zahlreiche solcher Führungstechniken entwickelt worden. Das Spektrum reicht von einfachen Handlungsrichtlinien bis hin zu tiefgehenden Managementmodellen, die sich auf die Führung im Unternehmen als Ganzes beziehen.[43] In der vorliegenden Arbeit möchte ich nun auf die wichtigsten Management by-Techniken eingehen.

4.2. Die Management by-Techniken

4.2.1 Management by Objectives (MbO)

Die Management by Objectives d.h. Führung durch Zielvereinbarung ist die wohl am bekannteste Managementtechnik. Hier findet eine Zielabstimmung zwischen der Unternehmensführung und den Mitarbeitern statt. Der Mitarbeiter kann innerhalb seines festgelegten Arbeitsbereiches über Maßnahmen zur Erfüllung der gesetzten Ziele frei entscheiden. Anhand dieses Verfahrens kann man eine genaue Leistungsbewertung des Mitarbeiters vornehmen und ihn ggf. Entlohnen bzw. zur weiteren Ausbildung schicken.[44]

Vorteile:
- Führung wird mit Routineaufgaben entlastet
- eine bessere Identifikation mit den Unternehmenszielen
- die Leistung der Mitarbeiter ist objektiv beurteilbar
- eine Steigerung der Effizienz von Planung und Organisation

Nachteile:
- bei der Einführung entstehen relativ hohe Kosten
- Gefahr eines überhöhten Leistungsdrucks
- es besteht die Gefahr der Konzentration auf quantitative statt qualitative Größen[45]

4.2.2 Management by Delegation (MbD)

Management by Delegation als Führung durch Aufgabendelegation beruht darauf das Aufgaben mit der entsprechenden Verantwortung soweit wie möglich auf die Mitarbeiter übertragen werden und zwar auf die unterste Stelle in der Organisation, in der dies gerade noch sachlich möglich ist.[46]Jeder Mitarbeiter erhält einen fest umgrenzten Aufgaben-, Kompetenz-und Verantwortungsbereich. Der Vorgesetzte darf nur eingreifen wenn akute Gefahr droht oder Mängel bei der Arbeitsausführung festgestellt werden.

---

42 Vgl. Hungenberg, ebd.
43 ebd.
44 Vgl. Jung, 2000, S. 218f
45 Vgl. Jung, 2000, S. 219
46 Vgl. Jung, 2000, S. 222

Vorteile:
- Vorgesetzte wird von Routineaufgaben entlastet
- Eigeninitative, Leistungsmotivation und das Verantwortungsbewußtsein werden gefördert
- Abbau der Unternehmenshierarchie
- Entscheidungen können schneller getroffen werden

Nachteile:
- Vorgesetzte delegieren unter Umständen nur uninteressante Arbeiten
- sehr stark aufgabenorientiertes System- weniger mitarbeiterorientiert[47]

4.2.3 Management by Exeption

Management by Exception lässt sich als Führung durch Abweichungskontrolle und Eingriffe in Ausnahmefälle definieren.
Hierbei kann der Mitarbeiter solange selbständig entscheiden bis eine Ausnahmesituation eintritt die außerhalb der Entscheidungsgrenzen des Mitarbeiters liegt. Der Vorgesetze wird unterrichtet und entscheidet dann allein. Um dieses System zu verwirklichen muss ein geeignetes Informationssystem geschaffen werden. Außerdem muss klar abgegrenzt werden was Normal- und Ausnahmefälle sind.

Vorteile:
- Vorgesetzte werden von Routineaufgaben entlastet
- es besteht die Sicherheit das die Unternehmensleitung über wichtige Vorgänge immer informiert ist
- klare Zuständigkeiten der Aufgaben

Nachteile:
- durch die Beschränkung das nur Mißerfolge gemeldet werden können die Mitarbeiter demotiviert werden
- es kann passieren das vereinzelte Mitarbeiter unangenehme Informationen z.b. größere Sollabweichungen nicht an die höheren Instanzen weiterleiten
- der Lerneffekt der Mitarbeiter ist relativ beschränkt da nur höhere Instanzen über interessante Fälle entscheiden[48]

4.2.4 Management by Systems

Management by Systems ist zu verstehen als Führung durch Systemsteuerung. Es beinhaltet, das versucht wird durch ein möglichst perfektes Informations-, Planungs- und Steuerungssystems eine weitgehende Selbststeuerung aller Teilsysteme einer Unternehmung zu erwirken.
Durch die weitgehende Systematisierung aufeinanderfolgender Arbeitsprozesse sollen Kosten gesenkt und Leistungen gesteigert werden.

Vorteile:
- es vereint die Vorteile des Management by Exception, Delegation und Objectives

---

47 Vgl. Jung, 2000, S. 223
48 Vgl. Jung, 2000, S. 223

- stärkere Entlastung der Führungskräfte
- die Informationsversorgung der einzelnen Instanzen wird verbessert
- die Problemerkennung wird beschleunigt

Nachteile:
- die Einführung verursacht hohe Kosten
- das System kann aufgrund der geringen Entscheidungsfreiheit lähmend wirken
- kann zur Enthumanisierung und Entfremdung im Unternehmen führen[49]

5. Abschlussbemerkung

In der vorliegenden Hausarbeit wurden nach meinen Erachten die wichtigsten
Führungsstile und Führungsmethoden vorgestellt. Schlussfolgernd kann man natürlich
nicht **den** Führungsstil oder **die** Führungsmethode herausfiltern denn es kommt immer
darauf an wo Führung praktiziert wird. Speziell in größeren Unternehmen sollte man
deshalb eine genaue Analyse der Gegebenheiten vornehmen und ggf. sich eine
individuelle Unternehmensführung zusammenstellen, mit Aspekten aus mehreren
Führungsstilen und -methoden. Dieses Thema sollte auch nicht auf die leichte Schulter
genommen werden denn nichts ist schlimmer, als eine nicht funktionierende Führung
welche z.b. durch ihre Aktionen die Mitarbeiter demotiviert. Im Endeffekt leidet immer
der gesamte Betrieb was sich früher oder später auf den Umsatz bzw. Gewinn bemerkbar
macht.

Literaturverzeichnis

Bisani, F.: Personalführung, 3. Aufl., Wiesbaden 1985

Hentze, J.: Personalwirtschaftslehre, 5. Aufl., Bern/Stuttgart 1991

Hungenberg, H.: Grundlagen der Unternehmensführung, 2.Aufl., Berlin 2005

Jung, H.: Allgemeine Betriebswirtschaftslehre, 6. Aufl., München 2000

Kuhn, G.: Allgemeine Wirtschaftslehre für Automobilkaufleute, 3. Aufl., Troisdorf 2003

Manager Magazin 2002

Mühlbradt, F.-W.: Wirtschaftslexikon, 7. Aufl., Berlin 2001

Rahn, H.-J., Betriebliche Führung, 2. Aufl., Ludwigshafen (Rhein) 1992

---

49 Vgl. Jung, 2000 ebd

Schulte-Zurhausen, M.: Organisation, 3. Aufl., München 2002

BEI GRIN MACHT SICH IHR WISSEN BEZAHLT

- Wir veröffentlichen Ihre Hausarbeit,
  Bachelor- und Masterarbeit

- Ihr eigenes eBook und Buch -
  weltweit in allen wichtigen Shops

- Verdienen Sie an jedem Verkauf

Jetzt bei www.GRIN.com hochladen
und kostenlos publizieren